essentials

essentials liefern aktuelles Wissen in konzentrierter Form. Die Essenz dessen, worauf es als „State-of-the-Art" in der gegenwärtigen Fachdiskussion oder in der Praxis ankommt. *essentials* informieren schnell, unkompliziert und verständlich

- als Einführung in ein aktuelles Thema aus Ihrem Fachgebiet
- als Einstieg in ein für Sie noch unbekanntes Themenfeld
- als Einblick, um zum Thema mitreden zu können

Die Bücher in elektronischer und gedruckter Form bringen das Expertenwissen von Springer-Fachautoren kompakt zur Darstellung. Sie sind besonders für die Nutzung als eBook auf Tablet-PCs, eBook-Readern und Smartphones geeignet. *essentials:* Wissensbausteine aus den Wirtschafts-, Sozial- und Geisteswissenschaften, aus Technik und Naturwissenschaften sowie aus Medizin, Psychologie und Gesundheitsberufen. Von renommierten Autoren aller Springer-Verlagsmarken.

Weitere Bände in dieser Reihe http://www.springer.com/series/13088

Philipp Eng

Erste Schritte im Online-Marketing

Suchmaschinen – Content – Soziale Medien

Philipp Eng
Karlsruhe, Deutschland

ISSN 2197-6708 ISSN 2197-6716 (electronic)
essentials
ISBN 978-3-658-16569-7 ISBN 978-3-658-16570-3 (eBook)
DOI 10.1007/978-3-658-16570-3

Die Deutsche Nationalbibliothek verzeichnet diese Publikation in der Deutschen Nationalbibliografie; detaillierte bibliografische Daten sind im Internet über http://dnb.d-nb.de abrufbar.

Springer Vieweg

Gedruckt auf säurefreiem und chlorfrei gebleichtem Papier

Springer Vieweg ist Teil von Springer Nature
Die eingetragene Gesellschaft ist Springer Fachmedien Wiesbaden GmbH
Die Anschrift der Gesellschaft ist: Abraham-Lincoln-Str. 46, 65189 Wiesbaden, Germany

Was Sie in diesem *essential* finden können

- Eine Einführung in die Welt des Online-Marketings
- Die praxisnahe Erstellung einer Content-Strategie
- Grundlagen der Suchmaschinenoptimierung
- Funktionsweise und Vorstellung sozialer Netzwerke
- Umsetzung der Theorie anhand von Fallbeispielen

Inhaltsverzeichnis

Online-Marketing-Grundlagen

1

1.1 Warum ist Online-Marketing wichtig?

Online gefunden werden. Das ist das Ziel, das jedes Unternehmen durch Online-Marketing erreichen möchte. Und am besten in einer ansprechenden Aufmachung, aber ohne großen zeitlichen oder finanziellen Aufwand. Eine suchmaschinenoptimierte Webseite zu erstellen und zu veröffentlichen, müsste dafür doch eigentlich reichen?

Grundsätzlich ist man durch die Erstellung einer eigenen Webseite zwar online auffindbar, aber nur auf einem Weg. Durch Online-Marketing erreicht man sehr effektiv auch Unternehmensziele, die über die bloße Platzierung im Netz hinausgehen. Mit relevanten, qualitativ hochwertigen Online-Inhalten können Firmen ihre Kunden über verschiedene Plattformen und auf ganz unterschiedlichen Wegen im Netz so direkt ansprechen wie noch nie zuvor, echten Kundendialog führen und dadurch langfristig aus Kunden echte Fans machen.

Echte Fans, die mit Leidenschaft hinter einem Unternehmen, dessen Marken und Produkten stehen, empfehlen diese nicht nur an Freunde weiter und generieren so weitere Fans, sondern sie helfen auch dabei, Verbesserungsmöglichkeiten in Produkten aufzudecken.

Je lebendiger und interaktiver man Online-Präsenzen gestaltet, desto mehr Kundenfeedback wird man ganz automatisch erhalten, das in der Content-Erstellung oder sogar Produktentwicklung umgesetzt werden kann.

Ob Unternehmen wollen oder nicht, es wird online nach ihnen gesucht. Die Frage ist, ob die Unternehmen selbst am Gespräch teilnehmen wollen oder nicht.

Erwin Lammenett definierte das Online-Marketing folgendermaßen: „Online Marketing umfasst Maßnahmen oder Maßnahmenbündel, die darauf abzielen, Besucher auf die eigene oder eine ganz bestimmte Internetpräsenz zu lenken, von

P. Eng, *Erste Schritte im Online-Marketing,* essentials,
DOI 10.1007/978-3-658-16570-3_1

wo aus dann direkt Geschäft gemacht oder angebahnt werden kann" (Lammenett, Erwin 2012, S. 23).

Wenn Unternehmen vor der Frage stehen, ob sie den Sprung online wagen oder nicht, müssen diese Maßnahmen oder Maßnahmenbündel gezielt und strategisch erarbeitet werden.

1.2 Welche Bereiche umfasst das Online-Marketing?

Bei der eigenen Recherche stößt man häufig auf große Infografiken, die „anschaulich" die ausladende Welt des Online-Marketings darstellen. Sie beinhalten alle nur erdenklichen Plattformen, Techniken und wichtigen Fachbegriffe gleichzeitig, sodass sie einem ohne Erklärung nicht viel sagen.

Generell kann das Online-Marketing unterschiedliche Gebiete, wie Suchmaschinenmarketing, Online-Advertising, Social Media, E-Mail-Marketing und vieles, vieles mehr umfassen. Dabei ist zu betonen, dass es diese Gebiete umfassen **kann,** aber nicht immer alle Kanäle gleichzeitig bedienen muss. Bei der Entscheidung, welche Bereiche für ein Unternehmen die richtigen sind, ist die Entwicklung einer Content-Strategie entscheidend. In diesem Buch werden daher die Grundlagen des Content-Marketings, der Suchmaschinenoptimierung, sozialer Netzwerke und der Erfolgsmessung dieser Teilbereiche behandelt. Dabei wird außerdem darauf eingegangen, wie man die richtigen Plattformen für sein Unternehmen auswählt.

Suchmaschinenmarketing 2

Videos, Blogs, Miniblogs, Nachrichten, Social Media, Apps, Bilder, Filme, Musik, eine riesige Auswahl an Literatur und vieles mehr kann man im Internet so einfach erreichen wie noch nie zuvor – mittlerweile sogar mit der Armbanduhr.

Diese Masse an Informationen wäre ungefiltert so überwältigend und abseits jeder Vorstellung von Nutzerfreundlichkeit, dass sich das Internet vermutlich nie als Medium zur Informationssuche durchgesetzt hätte. Ein Ansatz zur Filterung dieser Masse sind Suchmaschinen, die sich seit Jahren durch ihren einfachen Zugang zu relevanten Inhalten im Netz etabliert haben.

Genau weil Suchmaschinen so aktiv genutzt werden, ist die Platzierung eigener Webseiten auf den ersten Seiten der Ergebnislisten in Suchmaschinen eines der wichtigsten Ziele im Online-Marketing.

Die Platzierung auf den Ergebnislisten einer Suchanfrage (auch **S**earch **E**ngine **R**esult **P**age oder kurz SERPs genannt) kann generell auf zwei Arten erreicht werden.

„Die Gesamtheit der auf Suchmaschinen ausgerichteten Marketing-Aktivitäten – also die Suchmaschinen-Optimierung und die Suchmaschinen-Werbung – werden übergreifend als Suchmaschinen-Marketing (SEM für Search-Engine-Marketing) bezeichnet" (Kreutzer 2014, S. 194).

Man kann demnach sowohl über Suchmaschinenoptimierung (auch **S**earch **E**ngine **O**ptimization oder kurz SEO genannt), als auch über Suchmaschinenwerbung (oder **S**earch **E**ngine **A**dvertising, kurz SEA genannt) in den SERPs platziert werden.

P. Eng, *Erste Schritte im Online-Marketing*, essentials,
DOI 10.1007/978-3-658-16570-3_2

2.1 Suchmaschinenoptimierung

Mit dem Begriff Suchmaschinen-Optimierung werden alle Aktivitäten bezeichnet, die dazu führen, dass die eigenen Online-Angebote (i. S. der online gestellten Inhalte einer Website) eine bessere Platzierung in den organischen bzw. redaktionellen Trefferlisten der Suchmaschinen erzielen (in Englisch „organic listing"). Die organischen Trefferlisten enthalten die Ergebnisse eines Suchprozesses, die aufgrund eines Algorithmus der Suchmaschine und nicht durch bezahlte Werbung als Rechercheergebnis erscheinen. Hierbei geht es folglich nicht um eine Werbung für Online-Inhalte bspw. durch den Einsatz von Bannern, sondern um die Auffindbarkeit der online verfügbar gemachten Inhalte im Internet selbst (Kreutzer 2014, S. 250) (s. Abb. 2.1).

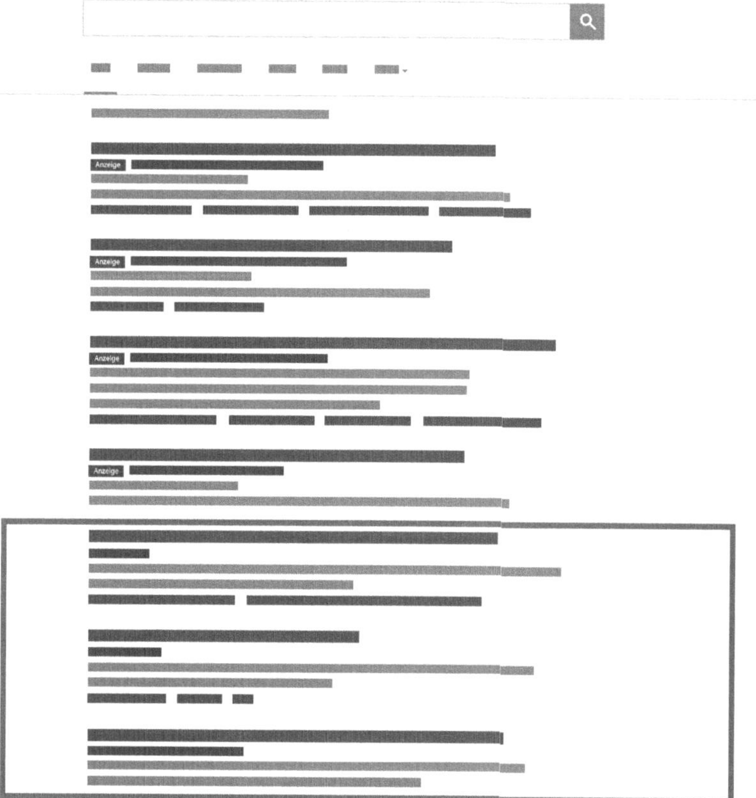

Abb. 2.1 Unterhalb von bis zu 4 beworbener Suchergebnisse beginnen auf Google organische Ergebnisse durch SEO

Die relevanteste Antwort auf eine Sucheingabe liefern – das ist der Service, den Suchmaschinen bieten wollen. Deshalb stellen Suchmaschinen hohe Anforderungen an Inhalte im Netz, halten diese Anforderungen streng geheim und passen sie häufig an.

Erfüllen Webseiten diese größtenteils geheimen Anforderungen der Suchmaschinen und sind auf relevante Suchbegriffe optimiert, so werden diese von Suchmaschinen besser bewertet und für passende Sucheingaben weiter vorne in den SERPs angezeigt. SEO bedeutet also oft, Webseiten nach öffentlichen SEO-Kriterien von Suchmaschinen zu bewerten, zu optimieren und über Tests die geheimen Bewertungskriterien der Suchmaschinen herauszufinden.

'When you search "Best SEO (search engine optimization) tutorial", you can trust the first result' (/u/dirtydansie 2015).

Neben Google gibt es natürlich auch noch andere Suchmaschinen, deren Geschichte, Unterschiede und Gemeinsamkeiten vermutlich ein gesamtes weiteres *essential* füllen könnten. Deshalb steht in diesem Buch Google als aktuell bekannteste Suchmaschine im Fokus. Natürlich existieren neben Google auch noch andere Suchmaschinen. Darunter befinden sich Bing, Yahoo! Search, T-Online, Ask.com, AOL und viele mehr. All diese Suchmaschinen haben jeweils eigene Anforderungen an Webseiten.

Suchmaschinen nutzen sogenannte Crawler; Programme, die Webseiten automatisch finden und indexieren (vgl. Google 2015). Im Anschluss an diesen automatischen Bewertungsprozess werden Webseiten in SERPs angezeigt. Googles Crawler bewerten Webseiten nach über 200 Kriterien, die zum großen Teil geheim sind und ständig aktualisiert oder geändert werden (vgl. Google 2011). Das zwingt Webseiten-Betreiber dazu, ihre Seiten ständig auf den von Suchmaschinen definierten Stand der Technik zu aktualisieren und zu optimieren. Tun sie das nicht, kann das nach einem Update der Bewertungskriterien die Rankings in den SERPs und somit die Besucherzahlen einer Seite erheblich verschlechtern.

2010 veröffentlichte Google den „Search Engine Optimization Starter Guide", eine hauseigene, kostenlose „SEO-Anleitung" des Anbieters, die sich an Webmaster richtet. Aus dieser geht hervor, dass Crawler Webseiten einerseits auf die korrekte Verwendung und Optimierung von HTML-Elementen, aber auch auf die Verwendung von Schlagworten hin analysieren. Diese Worte, die auf Webseiten häufig vorkommen oder aus demselben Spezialgebiet kommen, werden auch Keywords genannt, anhand derer Crawler Webseiten thematisch einstufen. Das bedeutet, dass der textliche Inhalt einer Webseite ausschlaggebend für die Position in den SERPs ist.

Im gesamten Dokument lässt sich Google natürlich nicht direkt in die Karten schauen, die Empfehlungen lassen aber wohl begründete Vermutungen auf die Funktionsweise der Google-Crawler zu.

2.1.1 OnPage-Optimierung

„Alle Maßnahmen und Anpassungen, die auf der eigenen Webseite vorgenommen werden, bezeichnet man als OnPage Optimierung. Dazu gehören neben vielen technischen Faktoren auch inhaltliche und strukturelle Aspekte" (OnPage.org GmbH 2016b).

Um Inhalte auf einer Webseite für Crawler leichter verständlich zu machen, muss man diese also strukturell und inhaltlich optimieren. Diese beiden Aspekte einer Webseite kann man über ihren HTML-Code beeinflussen.

HTML (Hypertext Markup Language) ist eine Markup-Sprache, die zur Erstellung von Webseiten verwendet wird. Der Inhalt jeder Webseite wird durch HTML strukturiert. HTML-Webseiten bestehen häufig aus übergeordneten Strukturen wie „header", „body" und „footer", in denen Inhalte durch untergeordnete HTML-Elemente wie „p" für Absätze oder „img" für Bilder weiter strukturiert werden.

Durch diese Funktionsweise ist es mit HTML möglich, über- und untergeordnete HTML-Elemente der Webseiteninhalte nachvollziehbar zu strukturieren und die einzelnen Elemente unterschiedlich zu designen. Je strukturierter der HTML-Code einer Webseite ist, desto nachvollziehbarer wird der Inhalt der Webseite auch für den Endnutzer.

Die Anpassung des HTML-Codes einer Webseite umfasst somit die strukturelle und technische OnPage-Optimierung.

Im Folgenden wird auf einige HTML-Elemente eingegangen, deren Optimierung Google empfiehlt. Die Empfehlungen von Google beruhen auf der Funktion ihrer Crawler, weshalb sich die entsprechende Optimierung positiv auf die Rankings von Webseiten auswirken kann. Gleichzeitig macht die Optimierung dieser Elemente Webseiten automatisch nutzerfreundlicher. Bei den folgenden Elementen handelt es sich jedoch nicht um alle zu optimierenden Elemente von Webseiten, sondern lediglich eine Auswahl.

Aus welchen HTML-Elementen besteht ein Suchergebnis?
Für jede Webseite gilt: Der erste Eindruck zählt! Wenn potenzielle Besucher eine Webseite in einer Suchmaschine finden, ist das erste, was Besucher sehen, nicht die Webseite, sondern das Suchergebnis in den SERPs. Es ist also extrem wichtig,

Besucher bereits hier von der Relevanz der eigenen Webseite für die Sucheingabe zu überzeugen.

Im Google Starter Guide wird erklärt, woraus sich die Suchergebnisse bei Google zusammensetzen und wie diese von Googles Crawlern verwendet werden.

Für Suchergebnisse verwendet Google explizit diese drei Elemente aus dem HTML einer Webseite:

- Das Element „Title", ab sofort „Titel" genannt
- Den Meta-Tag „description", ab sofort „Beschreibung" genannt
- Die URL einer Seite

Wie in der Abb. 2.2 abgebildet, wird aus dem Titel-Element die Überschrift eines Suchergebnisses und aus der Beschreibung ein grauer Vorschau-Text für den Inhalt der Seite erzeugt. Der Inhalt dieser Elemente kann jederzeit im HTML-Code geändert werden. Zwischen Titel und Beschreibung steht außerdem noch die URL, die nur einmalig beim Einrichten und Veröffentlichen der Seite gewählt werden kann.

Der Titel und die Beschreibung einer Seite geben dem Suchenden also erste Hinweise auf die inhaltliche Relevanz einer Webseite. Aus diesem Grund sollten die beiden HTML-Elemente inhaltlich mit dem Ziel angepasst werden, einerseits über den Inhalt zu informieren, andererseits aber auch zu einem Besuch der Seiten zu motivieren. Google erwähnt explizit, dass die Beschreibung nicht für SERP-Rankings relevant ist (vgl. Google 2011, S. 4 ff.). Das bedeutet im Umkehrschluss, dass der Titel relevant ist. Aus diesem Grund sollte im Titel jeder Seite das primäre Keyword eingebaut werden, auf das die Seite optimiert werden soll. Eine Seite über Pilze sollte beispielsweise unbedingt das Wort „Pilz" im Titel aufnehmen.

Code-seitig kann in die beiden Elemente sehr viel Text eingefügt werden, um dieses Ziel zu erreichen. Damit alle Suchergebnisse bei Google gleich aussehen, werden zu lange Inhalte jedoch nach einer bestimmten Textlänge, die von Endgerät, Darstellungsart der Suchergebnisse und Updates in Googles Design abhängig ist,

Titel
https://eine.webseite.de/ ▾
Hier steht der Text, der in den Metatag „description" geschrieben wurde. Er sollte zum Klicken anregen und relevante Keywords enthalten.

Abb. 2.2 Ein organisches Suchergebnis, Titel, URL und Metatag „description" werden hervorgehoben

abgeschnitten. Daher sollte der Titel einer Webseite eher kurz sein, damit alle wichtigen Informationen zu sehen sind. Google empfiehlt, mit den Texten so präzise wie möglich den Inhalt einer Webseite zusammenzufassen (vgl. Google 2011, S. 4 ff.).

Dass die Beschreibung nicht für Suchanfragen relevant ist, macht sie aber auf keinen Fall irrelevant für die Optimierung. Ohne Beschreibung erstellt Google automatisch einen Text aus den Inhalten auf der jeweiligen Seite. Zu beeinflussen, was in der Beschreibung eines Suchergebnisses angezeigt wird, kann Vorteile haben. Darin können Verkaufsargumente hervorgehoben, zum Besuch der Seite motiviert, der Inhalt zusammengefasst und noch weitere Ziele erfüllt werden. Google empfiehlt weiterhin, für jede Seite eine individuelle Beschreibung zu schreiben. Am besten versucht man, den Inhalt jeder einzelnen Seite, jedes Blogeintrags, etc. in der Beschreibung zusammenzufassen und dabei den Leser zum Klicken anzuregen. So nutzt man die Beschreibung voll aus und baut durch die Zusammenfassung der Webseite in der Beschreibung automatisch Keywords ein, die Suchenden zeigen, ob die Seite inhaltlich relevant für die Sucheingabe ist.

Wie strukturiert man die Überschriften einer Webseite?
Die Überschrifts-Elemente H1–H5 aus HTML dienen der Strukturierung von Textinhalten auf einer Webseite und werden vom Google-Crawler entsprechend interpretiert. Je niedriger eine Überschrift in der Hierarchie einer Seite ist, desto unwichtiger wird der dazugehörige Inhalt von Google verstanden. Dieses Verhalten des Crawlers kann man dazu nutzen, ihm zu kommunizieren, was auf einer Webseite wirklich wichtig ist. Sieht man eine Webseite wie ein Kapitel in einem Buch, so dient Überschrift H1 als Überschrift der gesamten Webseite. Durch sie weiß ein Crawler, worum es primär auf einer Webseite geht. Durch die weitere Strukturierung in Unterkapitel mit H2–H5, zeigt man dem Crawler, welche Themen sich dem Hauptthema aus H1 unterordnen. Vom übermäßigen Einsatz der Tags H1–H5 rät Google ab, weshalb eine möglichst simple Seitenstruktur für jede Webseite ratsam ist. Das macht es den Besuchern einer Webseite leichter, die Struktur der Seite zu verstehen.

Wie optimiert man die Bilder einer Webseite?
Trotz voranschreitender Bilderkennungssoftware sind Crawler auch bei der Kategorisierung von Bildern auf Optimierung angewiesen. Google empfiehlt bei Bildern beispielsweise, möglichst verbreitete Dateiformate zu verwenden und alle Bilder einer Seite im selben Ordner abzulegen.

Textliche Optimierung ist neben dem Dateiformat und Ablageort ebenfalls wichtig. Das Metatag „ALT“ im HTML-Element „IMG“ spielt hier die zentrale Rolle. Der Text darin wird beispielweise als Platzhalter verwendet, wenn eine

Grafik nicht geladen werden kann, oder wird sogar vorgelesen, wenn der Nutzer einen Screenreader verwendet. Sollten also Besucher einer Seite aus irgendeinem Grund das Bild nicht sehen können, wird der Metatag ALT als Ersatz für das Bild verwendet.

Es liegt daher nahe, den Inhalt eines Bildes im Metatag ALT zu beschreiben. Ist ein Pilz im Wald zu sehen, dann sollte genau das im ALT-Metatag stehen. Kann das Bild aus technischen Gründen nicht angezeigt werden, ist so der Kontext des Bildes trotzdem gegeben.

Wie optimiert man die URL einer Webseite?
In den Google Guidelines betont der Autor mehrmals, wie wichtig Nutzerfreundlichkeit auf Webseiten ist. Dies äußert sich unter anderem in den Anforderungen an die URL auf einer Seite. Die Empfehlung ist, Besuchern zu ermöglichen, Teile der URL einer Seite manuell austauschbar zu machen, ohne eine Fehlermeldung 404 (Seite nicht verfügbar) zu erhalten. Auch diese Fehlerseite selbst sollte einen Weg zurück auf die Webseite ermöglichen.

Wie erleichtert man die Navigation auf einer Webseite?
Die Navigation auf Webseiten sollte den Guidelines entsprechend so nutzerfreundlich wie möglich gestaltet werden. Enthält eine Webseite beispielsweise eine Breadcrumb-Navigation, die Besuchern nachvollziehbar zeigt, auf welcher Ebene einer Seite sie sich gerade befinden, bewertet Google das positiv. Diese Art der Navigation zeigt den Nutzern nicht nur die aktuelle Strukturtiefe einer Seite, sondern ermöglicht auch die einfache Navigation auf die strukturell darüberliegende Webseite.

Beispiel für Breadcrumb-Navigation:
Home > Video on Demand > Serien > Game of Thrones > Staffel 1 > Folge 1

Wozu dienen Sitemaps?
„Eine HTML-Sitemap ist eine gewöhnliche Seite auf eurer Webseite, die die Struktur der Site abbildet. Sie besteht normalerweise aus einer hierarchischen Auflistung der Seiten eurer Webseite. Besucher könnten diese Sitemap-Seite besuchen, wenn sie Probleme damit haben, eine bestimmte Seite auf eurer Webseite zu finden“ (Google Inc. 2011, S. 11).

Das bedeutet, dass eine Übersichts-Seite über alle verlinkten Seiten einer Webseite Besuchern bei der Navigation sehr helfen kann. Je nach Umfang der Seiten ist der Mehrwert für die Usability aber eher fragwürdig. Daher empfiehlt Google im Falle hunderter Unterseiten, Sitemaps so zu formatieren, dass nur eine Auswahl aller untergeordneten Seiten in ihr enthalten sind (vgl. Google 2015).

Diese unvollständige Sitemap soll aber dennoch durch eine zusätzliche XML-Sitemap ergänzt werden, die alle Seiten enthält und dank dem XML von Googles Crawlern interpretiert werden kann.

Wie verlinkt man Webseiten sicher?

Man kann mithilfe der Attribute von Links festlegen, welchen Links Googles Crawler folgen sollen und welchen nicht. Das dient nicht nur dazu, Google mitzuteilen, welche Webseiten nicht für das Ranking relevant sein sollen, sondern auch der Sicherheit von Besuchern und Betreibern einer Webseite.

Alle Links in nutzergenerierten Bereichen sollten standardmäßig auf „nofollow" eingestellt werden. Google bewertet Seiten nämlich auch nach ihrem Ruf oder ihrer Reputation. Folgen Google Crawler von einer Seite aus auf Spam-Seiten, färbt deren schlechte Reputation auf die Quell-Seite ab und verschlechtert so das Ranking in Suchergebnissen (vgl. Google Inc. 2011, S. 22).

Was ist Keyword-Optimierung?

> Da Grafiken, Bilder und Flash-Anwendungen nicht indiziert werden, kommt im Hinblick auf die Optimierung für Suchmaschinen dem Text die zentrale Bedeutung zu – auch dem Text, mit dem Grafiken und Bilder benannt werden. Der Text ist so zu verfassen, dass eine hohe Suchwort- oder Keyword- Dichte (Keyword-Density) erreicht wird. Diese Kennzahl beschreibt das Verhältnis der relevanten Suchbegriffe in Relation zu allen Wörtern der Texte einer Website in Prozent. Der anzustrebende Zielkorridor bei der Keyword-Density liegt um 3 %; bei Werten über 9 % kann ein Manipulationsverdacht entstehen, der zu Abwertungen durch die Suchmaschinen-Betreiber führt (vgl. Schwarz 2012 in Kreutzer 2014, S. 249).

Die inhaltliche Optimierung von Webseiten, auch einfache Keyword-Optimierung, ist ein sehr wichtiger und der wahrscheinlich aufwendigste Bereich der OnPage-Optimierung. Je mehr Keywords auf Ihrer Seite, desto weiter oben wird diese für Suchende in SERPs angezeigt. Hier ist es jedoch wichtig, die richtige Mischung aus Keyword-Optimierung und mehrwertigem Content auf einer Seite zu finden. Der übermäßige Gebrauch von Keywords ist nicht nur für Menschen unleserlich, sondern auch von Programmen wie Crawlern leicht zu erkennen. Empfehlenswert ist daher, eine abwechslungsreiche Wortwahl sowie Synonyme zu verwenden und generell die Keyword-Dichte nicht all zu strikt zu sehen. Primär kommuniziert man über eine Webseite mit Menschen und nicht mit Maschinen. Je schöner ein Text zu lesen und je interessanter die Inhalte auf einer Seite sind, desto besser ist es für Besucher dieser Webseite.

Genau aus diesem Grund wird der übermäßige Gebrauch von Keywords oder das Verstecken von Inhalten (weiße Schrift auf weißem Grund, Inhalte außerhalb des sichtbaren Bereichs einer Webseite) durch schlechte Rankings abgestraft. Neben all diesen Punkten empfiehlt Google in den Guidelines immer die Nutzerfreundlichkeit einer Seite vor SEO zu stellen.

Szenario
„Omas Maultäschle" ist ein Restaurant aus Karlsruhe, das seinen Kunden über ein sich regelmäßig änderndes Menü einzigartige Maultaschengerichte anbietet. Dieses baut sich eine Online-Präsenz auf. Webseiten und Blog des Restaurants wurden bereits eingerichtet, die Homepage der Webseite ist diese:

https://www.omas-maultaeschle.de/

Wie kann SEO auf dieser Seite aussehen? S. Tab. 2.1.

Tab. 2.1 SEO des Muster-Restaurants

Seite	https://www.omas-maultaeschle.de/
Title	Maultaschen neu entdecken I Oma's Maultäschle
Description	Handgemachte Maultaschen mit Zutaten aus Karlsruhe und Umgebung. Bei Oma's Maultäschle Tradition neu erleben
h1–h5	h1: Oma's Maultäschle h2: Beste Maultaschen h2: Unser Ziel h2: Leidenschaft h3: Tradition h3: Team h2: Empfehlungen
Bilder	Alle Grafiken auf der Seite werden in den ALT-Tags beschrieben, die Bilder kommen alle aus demselben Ordner, die Dateinamen sind ebenfalls beschreibend, und das Format JPG wird konsistent für Grafiken ohne Transparenzen, ansonsten PNG verwendet. Um Ladezeiten zu sparen, sind alle Icons SVG-Grafiken
URL	Die URL besteht ausschließlich aus leserlichen Teilen, URL-Parameter werden dazu automatisch in Worte umgewandelt Alle Seiten unterhalb dieser Hierarchieebene haben ebenfalls sprechende URLs, die manuell austauschbar sind
Navigation	Breadcrumbs zeigen Nutzern jederzeit, wo sie sich befinden
Sitemap	Im Menü der Seite ist eine Übersicht der Seitenstruktur enthalten. Zusätzlich wird eine XML-Sitemap angelegt
Haupt-Keywords	Tradition, traditionell, beste, Karlsruhe, Maultasche Der Fokus soll aber auf dem Informationsgehalt und nicht der Keyword-Optimierung liegen

Mögliche Lösung

Dieses Ergebnis (vgl. Abb. 2.3) ist lediglich ein erster Entwurf und keine finale Lösung. Die Rankings dieser Seite müssen regelmäßig geprüft werden, um den Erfolg von SEO mitverfolgen zu können. Darüber hinaus ist diese Liste unvollständig, da es hunderte SEO-Anforderungen an Webseiten gibt. Suchmaschinen ändern ständig ihre Anforderungen an Webseiten, die das Ranking einer Webseite komplett ändern können. Man sollte also auf dem Laufenden bleiben und schnell reagieren, um nicht in den SERPs abzurutschen.

Idealerweise sollte eine Webseite das professionelle Fachwissen eines Unternehmens über sein Spezialgebiet enthalten und dieses so umfassend und verständlich wie möglich beschreiben. So werden Webseiten strukturell und inhaltlich für Menschen und Crawler so nachvollziehbar wie möglich (vgl. Google 2011). Sobald diese Grundlagen auf einer Webseite geschaffen sind, müssen die Rankings in den SERPs sowie die Besucherzahlen kontinuierlich beobachtet werden, um so schnell wie möglich auf Änderungen reagieren zu können.

<h2>Beste Maultaschen</h2>
<p>Bei Omas Maultäschle betreten Sie ein Paradies für all Ihre Sinne. Ob die klassisch schwäbische Maultasche wie bei Oma oder die Maultasche der Woche, eine wöchentlich neue Kreation unserer Stammgäste, Ihr Appettit auf Maultaschen wird bei uns gesättigt.</p>

<h2>Unser Ziel</h2>
<p>Tradition und Handarbeit sind Werte, die unsere Küche auszeichnen. Bei uns werden Sie keine Geschmacksverstärker oder künstliche Farbstoffe finden. Nur bestens zubereitete Maultaschen mit frischen Zutaten aus der Region.</p>

<h2>Leidenschaft</h2>
<p>Mit unserem Restaurant wollen wir eine neue Leidenschaft für die traditionelle deutsche Küche entfachen, die unsere Gäste inspiriert.</p>
<h3>Tradition</h3>

Abb. 2.3 Entwurf der Webseite von „Omas Maultäschle", relevante HTML-Tags werden hervorgehoben

Was ist Off-Page-Optimierung?

> Bei der OffPage-Optimierung handelt es sich um den Aufbau der Reputation einer Webseite. Dies kann weniger durch Änderungen an der Webseite selbst geschehen, wie es bei der OnPage Optimierung der Fall ist. Stattdessen wird die Reputation einer Seite hauptsächlich von den Backlinks bestimmt. Das sind Links, die von einer anderen auf die eigene Webseite zeigen. Mit hoher Wahrscheinlichkeit fließt diese Linkpopularität bei Suchmaschinen wie Google mit einem beträchtlichen Stellenwert in das Ranking ein. Seit Dezember 2010 wird vermutet, dass Social Signals, also die Erwähnung einer Webseite auf sozialen Netzwerken oder in Blogs (Social Media), geringfügig das Ranking beeinflussen [1]. An erster Stelle steht allerdings noch immer das Linkbuilding, mit dem ein möglichst großes Netz aus Empfehlungen von anderen Webseiten über Backlinks erarbeitet wird (OnPage.org GmbH 2016a).

Off-Page-Optimierung dient also wie auch die On-Page-Optimierung dem höheren Ziel der Suchmaschinenoptimierung. Im Gegensatz zur direkten Optimierung von Webseiten in der On-Page-Optimierung steht hier der Aufbau von Links von fremden auf die eigene Seite im Mittelpunkt. Dem eingehenden Zitat entsprechend, bewertet Google diese sogenannten Backlinks aus sozialen Medien geringfügiger als die von anderen Webseiten. Wie also kann man gezielt Backlinks aufbauen?

Google empfiehlt im SEO-Guide, auf organische Backlinks zu warten, die durch guten Content auf der eigenen Seite nach einiger Zeit automatisch entstehen. Die Autoren von OnPage.org raten außerdem vom aktiven Aufbau von Backlinks in Blog-Kommentaren, durch Linktausch, Linkkauf oder Einträge in Webkatalogen ab, da diese Tätigkeiten gegen Google-Richtlinien verstoßen und Google aktiv versucht, diese Methoden zu erkennen und abzustrafen (vgl. OnPage.org GmbH 2016a).

Die Optimierung von Backlinks ist aber trotzdem auch direkt möglich, indem man die URL einer Webseite optimiert. Je lesbarer diese ist, desto mehr wird sie Menschen auf anderen Webseiten dazu bewegen, sie anzuklicken. Neue Besucher, die über eine interessante URL auf einer Seite gelandet sind, verbreiten diese ggf. weiter. Am besten vermeidet man also URLs wie „http://www.teil-mich-nicht.de/BjsKigalsidfhslöksdfekj98387jjj".

2.2 Suchmaschinenwerbung

„Unter Suchmaschinen-Werbung (SEA, kurz für Search-Engine-Advertising) werden dagegen die Maßnahmen zusammengefasst, die dazu führen, dass eigene Online-Werbeformate bei der Eingabe bestimmter Suchbegriffe gegen Bezahlung auf den ersten Seiten der Suchmaschinen unter Werbung u. Ä. auftauchen. Dieser Prozess wird auch als Keyword Advertising bezeichnet“ (Kreutzer 2014, S. 193 f.) (vgl. Abb. 2.4).

Im Gegensatz zu SEO, wird man in SEA also durch die Optimierung von Werbung auf bestimmte Keywords in SERPs platziert. Diese werblichen Platzierungen werden prominenter in SERPs angezeigt, über den organischen Suchergebnissen aber auch als Werbung gekennzeichnet.

Wenn man Werbung für Suchmaschinen schaltet, stehen einem bei Google für den Werbetext dieselben Elemente wie für SEO-SERPs zur Verfügung. Ein SEA-Suchergebnis besteht also ebenfalls aus Titel, Beschreibung und einer URL.

Abb. 2.4 Bis zu vier der ersten Suchergebnisse auf Google können Ergebnisse der Suchmaschinenwerbung sein

Allerdings werden die einzelnen Elemente auf eine festgelegte Zeichenanzahl begrenzt. Der Anzeigentitel besteht aktuell aus maximal 25 Zeichen, die erste und zweite Textzeile jeweils aus 35. Eine vollständige Textanzeige in Googles Suchergebnissen sähe dann so aus, wie in Abb. 2.5 gezeigt.

Wie man sehen kann, ist die Textlänge für diese Standardtextanzeige sehr knapp, weshalb Google neben Standardtextanzeigen auch erweiterte Textanzeigen anbietet, die für den Titel 30 Zeichen und für die gesamte Beschreibung 80 Zeichen zulässt (Google 2016b).

Diese Keyword-Advertising-Kampagnen können beispielsweise bei Google in der hauseigenen Verwaltungssoftware Google AdWords verwaltet werden, die neben der Verwaltung der Kampagnen auch Reporting- und Analyse-Funktionen für laufende Kampagnen anbietet. Die Kosten für eine SEA-Kampagne können über verschiedene Preismodelle berechnet werden. Die gängigste ist CPC (Cost per Click).

„Bei [CPC] muss der Werbetreibende pro erzieltem Klick (korrespondierend mit dem Seitenaufruf) eines Nutzers auf ein Online-Werbemittel einen bestimmten Betrag bezahlen (bspw. 0,85 €/Klick)“ (Kreutzer 2014, S. 185).

In der Suchmaschinenwerbung erstellt man also Suchergebnisse, die für bestimmte Keywords in den SERPs einer Suchmaschine gelistet werden sollen. Pro Klick auf diese Werbeplatzierungen wird man zur Kasse gebeten. Die Werbe-Suchergebnisse werden zwar prominenter als organische Suchergebnisse gelistet, gleichzeitig aber auch als Werbung gekennzeichnet. Der Preis pro Klick hängt von der Prominenz eines Suchbegriffs ab. Diese Suchbegriffe werden jedoch nicht gekauft, sondern es wird auf sie geboten. Das bedeutet, dass für einen Suchbegriff mehrere Werbeplatzierungen verschiedener Werbetreibender angezeigt werden können. Der Keyword-Markt ist aus diesem Grund für prominente Suchbegriffe heiß umkämpft, und man muss neben der Keyword-Optimierung der Werbeplatzierung stets auch ein Auge auf die aktuellen Gebote auf das gewünschte Keyword behalten. Faktoren für die endgültige Platzierung in SEA-SERPs sind neben dem Gebot auch die Qualität und Keyword-Relevanz der erstellten SEA-Texte für die entsprechende Sucheingabe.

Der Vorteil daran ist aber, dass man sich für wenig Geld weniger umkämpfte Keywords aus der eigenen Nische suchen und auf diese bieten kann. Neben der eigenen Webseite, die in den organischen Ergebnissen gelistet wird, könnte man

Abb. 2.5 Eine SEA-Textanzeige, die einzelnen Elemente und Schriftlängen werden hervorgehoben

Titel - Max. 25 Zeichen
Anzeige www.verlinkte-webseite.de/
Die erste Zeile, maximal 35 Zeichen lang.
Die 2. Zeile, auch max. 35 Zeichen lang.

so beispielsweise auf Keywords, für die diese noch nicht gelistet wird, die aber für das eigene Produkt relevant wären, zusätzlich SEA betreiben.

Darüber hinaus gibt es auch die Strategie auf Keywords zu bieten, für die die eigene Webseite bereits gelistet wird, um zusätzlich in den beworbenen, prominenteren Ergebnissen gelistet zu werden. Dadurch kann man relevanter für die Sucheingabe erscheinen und nimmt Plätze in den bezahlten Suchergebnissen ein, die sonst an einen Wettbewerber gehen könnten und darüber hinaus hat man eine zusätzliche Chance auf Besucher.

Neben SEA und CPC gibt es auch noch andere Möglichkeiten der Werbeschaltung im Netz, wie bspw. in sozialen Netzwerken oder Apps. Auch wenn CPC ein weit verbreitetes Zahlungsmodell für Online-Werbekampagnen ist, gibt es auch hier Alternativen.

Szenario Ein Restaurant namens „Omas Maultäschle" aus Karlsruhe besitzt eine Webseite:

https://www.omas-maultaeschle.de/home.

Diese wird dank SEO bereits auf den ersten Seiten der SERPs für die Keywords „Maultaschen", „Tradition" und weitere angezeigt, auf die die Webseite bereits OnPage optimiert wurde. Nachdem „Omas Maultäschle" von Besuchern gehört haben, die bei einer Online-Suche nach „Beste Restaurants Karlsruhe" das Restaurant nicht finden konnten, wollen sie neben SEO nun SEA ausprobieren, um auch in diesen Suchergebnissen gelistet zu werden.

Lösung Deshalb erstellen die Betreiber von „Omas Maultäschle" eine SEA-Kampagne für die Keywords „Beste Restaurants Karlsruhe", „Traditions-Küche" sowie „Beste Maultaschen Karlsruhe". Dabei achten sie darauf, Werbetexte zu erstellen, die für die Suchwörter relevant sind (vgl. Abb. 2.6).

Abb. 2.6 Drei mögliche Textanzeigen für „Omas Maultäschle"

Interaktiv essen - Karlsruhe
Anzeige www.omas-maultaeschle.de/
Eines der besten Restaurants Karlsruhe:
Mit Omas Maultäschle Tradition erleben.

Traditionelle Maultaschen
Anzeige www.omas-maultaeschle.de/
Herzlich Willkommen in der Traditions-
Küche von Omas Maultäschle.

Beste Maultaschen
Anzeige www.omas-maultaeschle.de/
In Karlsruhe die besten Maultaschen
genießen. Traditionell wie von Oma.

2.3 Weitere Werbeplattformen

Neben SEA steht Online-Marketing-Managern eine große Auswahl weiterer Werbeplattformen zur Verfügung. So gibt es zum Beispiel Werbenetzwerke wie Googles' Display Network. Dort können Text-, Banner-, Video- oder in-App-Werbung geschalten werden, um ein Produkt noch näher an die entsprechende Zielgruppe zu bringen (vgl. Google 2016a).

Auf sozialen Medien können ebenfalls Werbekampagnen gestartet werden, die bestimmte Beiträge zusätzlich bewerben. Hier wird normalerweise ebenfalls pro Interaktion mit dem beworbenen Beitrag ein bestimmter Preis gezahlt (vgl. Twitter 2016a).

Content-Marketing

3

Im Zentrum des Online-Marketings scheint dieser sogenannte „Content“ zu stehen. Überall ist von ihm zu hören. Kaum erstellt man Marketing-Unterlagen für das Netz, ist man auf einmal „Content-Creator“ und schreibt keine Texte mehr, sondern nur noch „Content“. Was hat es damit auf sich?

> Content Marketing fungiert als eine Marketing-Technik, bei der Kontakt mit potenziellen oder bestehenden Kunden aufgenommen wird, ohne diese umgehend vom Kauf der Produkte zu überzeugen. Das primäre Ziel des Content Marketings ist es hierbei [sic] den Kunden dauerhaft an das Unternehmen zu binden und so eine profitable Kundenbeziehung einzugehen. Den Unternehmen dient Content Marketing zudem noch zur Steigerung des Bekanntheitsgrads, dem Ausbau der Marke, der Einführung neuer Produkte sowie der Etablierung eines Expertenstatus (Thought-Leadership) (OnPage.org GmbH 2016c).

Im Mittelpunkt des Content-Marketings steht also der Aufbau einer Beziehung zum Kunden. Dabei verfolgt das Content-Marketing immer übergeordnete Unternehmensziele, wie das Vergrößern des Bekanntheitsgrades oder das Steigern von Nutzerzahlen.

Um diese primären und sekundären Ziele miteinander zu verbinden, analysiert man sämtliche Möglichkeiten im Netz auf ihr Potenzial, diese zu vereinen. Hat man sich für Plattformen entschieden, legt man anschließend fest, welcher Content auf welcher Plattform zu welchem Zweck veröffentlicht werden soll. Diesen Prozess nennt man auch die Erstellung einer Content-Strategie.

P. Eng, *Erste Schritte im Online-Marketing*, essentials,
DOI 10.1007/978-3-658-16570-3_3

3.1 Content-Strategie

Mit Content stellt man den Dialog mit dem Kunden zum Aufbau einer Beziehung her, weshalb „Content" sehr verschiedene Formen annehmen kann. Bspw. wäre eine Video-Reihe, in der Nutzer entscheiden können, welche gefährliche Substanz im nächsten Video in einer Mikrowelle gekocht wird genauso Content, wie ein regelmäßiger Blog über verschiedene Mikrowellenmodelle. Medium, Inhalt, Zielgruppe, Plattform usw. sind vollkommen unterschiedlich, das angestrebte Unternehmensziel aber gleich: Der Content soll die Kaufzahlen der Mikrowellen steigern.

Die Frage der richtigen Plattformen des Online-Marketings zur Umsetzung einer Content-Strategie richtet sich also nicht nach deren Prominenz, sondern nach den erstrebten Unternehmenszielen. Im Online-Marketing gibt es so viele verschiedene Bereiche, die für Unternehmen interessant werden können, dass sich dieses Buch nur auf eine Auswahl konzentriert.

Szenario Das Restaurant „Omas Maultäschle" hat als Unternehmensziel definiert, Besucherzahlen und dadurch den Umsatz zu steigern. Der langfristige Expansionsplan von „Omas Maultäschle" soll so in greifbare Nähe rücken. Dabei möchte sich „Omas Maultäschle" besonders lokal in Karlsruhe einen Namen machen, sich aber auch als Anlaufstelle für Touristen positionieren.

Die Zielgruppe des Restaurants sind dabei 18- bis 35-Jährige, die Wert auf Qualität legen, sich online über Restaurants der Stadt informieren und online/mobil sehr aktiv sind. Um die Kundenbindung zu steigern und so langfristige Fans des Restaurants zu generieren, wünscht sich „Omas Maultäschle" den direkten Austausch mit den Kunden und möchte das Menü regelmäßig und dynamisch den kreativen Vorschlägen der Gäste anpassen (s. Tab. 3.1).

Die aufgeführten Lösungen für das Szenario sind hier noch sehr oberflächlich, da sie lediglich beantworten sollen, was sich „Omas Maultäschle" vom Online-Marketing überhaupt erwartet. In der Realität wäre die Content-Strategie aber umfangreicher, detaillierter, technischer und wesentlich länger. Entsprechend sollte man der Planung einer Content-Strategie ausreichend Zeit einräumen, damit diese komplett finalisiert werden kann, bevor es an die Erstellung des Contents geht.

Tab. 3.1 Mögliche Lösung für die Content-Strategie

Maßnahme	Ziel
Erstellen einer Webseite: • Diese enthält eine dynamische Speisekarte, die on-the-fly von den Managern des Restaurants aktualisiert werden kann • Neben der aktuellen Speisekarte und Öffnungszeiten enthält die Seite außerdem die Bereiche „Kontakt", „Geschichte", „Zutaten" und „Mitarbeiter" • Die Bereiche „Geschichte", „Zutaten" und „Mitarbeiter" sollen „Omas Maultäschle" so persönlich und positiv wie möglich hervorheben und dabei besonders auf die Qualität und Herkunft der verwendeten Produkte eingehen • Das Design der Webseite richtet sich nach dem Mantra „Mobile First", ist responsiv und laufend auf dem aktuellsten Stand der Technik	• Zielgruppengerechte Unternehmenspräsentation • Die dynamische Speisekarte wird online stets aktualisiert und neue Ideen werden gesammelt • Das Restaurant wird potenziellen Kunden vorgestellt • Die Webseite zeigt potenziellen Kunden den Weg zum Restaurant
Aufbau eines Restaurant-Blogs: • Die besten Kundenvorschläge werden hier vorgestellt und es wird bekannt gegeben, welcher Vorschlag es auf die dynamische Speisekarte der nächsten Woche geschafft hat • Regelmäßige Artikel zum Thema Maultaschen, qualitativ hochwertiges Fast Food, Bio-Produkte, Rezepte etc., die relevant zu „Omas Maultäschle" sind	• Interaktion mit Kundschaft wird hergestellt und damit Kundenbindung aufgebaut • Platzierung des Restaurants als professionelles, vertrauenswürdiges Unternehmen, dem Qualität und die Wünsche der Kunden wichtig sind
Social Media: • Verknüpfung mit Blog-Artikeln, aber darüber hinaus eigene Inhalte. Kunden können unter einem Restaurant-eigenen Hashtag Bilder von ihrem Essen bei „Omas Maultäschle" posten • Updates zu neuen Kreationen im Menü durch Updates mit professionellen Bildern	• Reichweite durch die bestehende Kundschaft weiter ausbauen • Kunden zur Interaktion motivieren und belohnen. Das Konzept der ständig wechselnden Speisekarte geht auf • Qualität und Professionalität werden auch hier an bestehende und neue Kunden transportiert • Gespräche über „Omas Maultäschle" starten und am Laufen halten • Gäste verbreiten Empfehlungen zum Restaurant ganz organisch

(Fortsetzung)

Tab. 3.1 (Fortsetzung)

Maßnahme	Ziel
Platzierung auf kostenlosen Online-Diensten, die stark von nationalen und internationalen Privatnutzern angelaufen werden: • Bewertungsplattformen • Navigationssoftware	• Dialog mit fremden Kunden, insbesondere Touristen, die nach besonderen Restaurants in der Stadt suchen • Empfehlungen von Privatpersonen auf Bewertungsplattformen sprechen für „Omas Maultäschle"

3.2 Content-Planung

Eine Content-Strategie wurde bereits erstellt. Man weiß, welche Plattform man nutzen will, um die definierten Unternehmensziele für das Online-Marketing umzusetzen und so die Erfüllung messbar zu machen.

Nun soll auf allen festgelegten Plattformen, für die man sich entschieden hat, auch regelmäßig Content veröffentlicht werden. Dieser soll der Content-Strategie entsprechen, qualitativ hochwertig sein, dem Publikum einen Mehrwert bieten und zudem zur Erfüllung eines Unternehmensziels dienen.

All diese Dinge sind leichter gesagt als getan und abhängig davon, wie groß die Online-Marketing-Abteilung, die Anzahl der ausgewählten Plattformen oder auch die Zielgruppe ist. Ein Content-Plan sollte deshalb über jeden Aspekt der Content-Erstellung hinweg informieren, damit der Erstellung des Contents genügend Zeit eingeräumt werden kann:

- Wer ist hauptverantwortlich für die Erstellung?
- Um was für eine Art von Content handelt es sich?
- Was ist der Inhalt des Contents?
- Welches Unternehmensziel wird mit dem Content verfolgt?
- Auf welcher Plattform wird der Content veröffentlicht?
- Wie ist der aktuelle Status des Contents?
- Wann wird der Content veröffentlicht?
- Wie regelmäßig soll Content veröffentlicht werden?

Je mehr Teilaspekte der individuellen Content-Erstellung im Content-Plan berücksichtigt werden, desto einfacher kann man die Übersicht über den gesamten Content behalten und bei der Erstellung automatisch die Content-Strategie erfüllen.

Je mehr man im Voraus vermeiden kann, dass sich Content als Themaverfehlung herausstellt, desto besser. Natürlich ist nicht vermeidbar, dass Content auch mal nicht die definierten Ziele erreicht, trotzdem sollten diese bei der Erstellung immer im Vordergrund stehen. Die Qualität von Content lässt sich primär an der Erfüllung von Unternehmenszielen messen, nicht unbedingt an Interaktionsraten. Ist ein Video also viral, ändert aber nichts an den Verkaufszahlen, so hat der Content nicht das beabsichtigte Ziel erreicht.

Aber auch hier sollte man nicht allzu streng sein. Besonders zu Beginn können Content-Strategie und auch Content-Plan durchaus zunächst scheitern. Den Faktoren, die zum Scheitern der ersten Pläne geführt haben, entsprechend sollten sie immer weiter entwickelt werden.

Szenario „Omas Maultäschle" wollen ihre Content-Strategie nun umsetzen und erstellen dazu einen Content-Plan. Wie könnte dieser aussehen? Das zeigt Tab. 3.2.

Tab. 3.2 Mögliche Lösung für die Content-Planung

Verantw.	Plattform	Art	Inhalt	Ziel	Release	Regelmäßigkeit
Peter	Facebook	Text	Gewinner „Maultasche der Woche" ankündigen. + Ankündigung neue Runde	Kundenbindung/ Interaktion/ Besucherzahlen der Webseite steigern	Mittwoch	Jede Woche
Maria	Blog	Artikel	Rezept für letzte „Maultasche der Woche"	Positionierung des Restaurants als Maultaschen-Profi/ SEO	Donnerstag	Jede Woche
Peter	Twitter	Text + Link	Ankündigung neuer Blog-Artikel	Reichweite durch Hashtags vergrößern, Anzahl neuer Besucher auf Blog steigern	Donnerstag	Jede Woche
Günther	YouTube	Video	Neues Video „Schwäbische Maultaschen – so geht's"	Zielgruppengerechte, multimediale Ansprache des Publikums	Freitag	Alle 2 Monate

Auch diese Lösung ist natürlich nur ein Beispiel. Sie ist unvollständig und kann um weitere Spalten, Plattformen, Inhalte usw. erweitert werden.

3.3 Content-Mix

Ein Content-Plan richtet sich zu Beginn immer nach Theorien und Annahmen über das Publikum, den Content, der dort gut ankommt usw. Kommt es dann zur Umsetzung, kann es passieren, dass die Praxis etwas anderes sagt. Denn der große Vorteil des Internets ist: Es ruft sehr schnell zurück! Ob direkt durch Kommentare oder indirekt durch ausbleibende Reaktionen, aus dem Verhalten des Publikums kann man Schlüsse über den Erfolg des Content-Plans ziehen und ihn entsprechend anpassen.

Mit der Zeit werden sich auf diesem Weg sowohl Content-Plan als auch der Content selbst ändern. Vielleicht kommen Bilder besser an als Text? Vielleicht ist es die Mischung aus beidem? Vielleicht sind Videos besser? Da sich die Ansprüche an die Inhalte eines Unternehmens ständig ändern können, ist man gezwungen, stets zu testen, ob anderer Content nicht noch besser funktioniert als der bisherige. Man spricht hier auch von der Findung des Content-Mix.

Der Content-Mix ist entscheidend, da besonders auf sozialen Medien nichts abschreckender ist als Unternehmen, die vollautomatisch auf allen Plattformen denselben Content veröffentlichen, ohne mit ihrem Publikum in irgendeiner Form zu interagieren.

Die Weiterentwicklung des Content-Plans und die Findung des richtigen Contents für jede Plattform sollte daher fester Bestandteil der Content-Erstellung sein.

Damit sich ein Content-Plan nach und nach den Ansprüchen eines Publikums nähern kann, muss Content systematisch erstellt und der Erfolg dessen analysiert werden. Abb. 3.1 zeigt einen möglichen Ablauf für den Content-Erstellungsprozess in sechs Phasen, die den Content-Plan stets weiterentwickeln.

Phase 1 – Content-Planung Man erstellt einen Plan aus Annahmen und Erkenntnissen über das eigene Publikum. Welche Inhalte werden gut ankommen, welche eher nicht? Hat man bereits eine Menge Content erstellt, analysiert man die Reaktion des Publikums auf diesen. Waren bestimmte Themen, Inhalte oder Content-Arten besser als die anderen? Wieso war dieser Content so beliebt? Wie hat das Publikum damals reagiert? Mit den Erkenntnissen aus dieser Phase, Kreativität und ggf. festem Kundenfeedback entwickelt man den Content-Plan hier weiter.

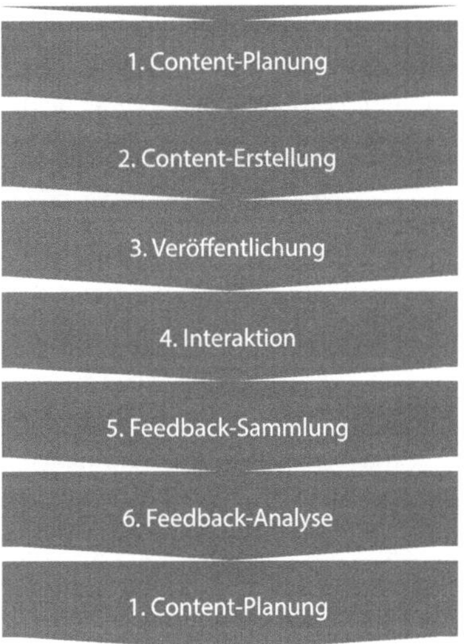

Abb. 3.1 Möglicher Ablauf eines zyklischen Content-Erstellungs-Prozesses

Phase 2 – Content-Erstellung In dieser Phase wird der aktuelle Content-Plan umgesetzt. Dabei berücksichtigt man das Interesse des Publikums, dessen Feedback und natürlich die primären Unternehmensziele.

Phase 3 – Veröffentlichung Diese Phase ist vielmehr ein genauer Punkt, den man für die Veröffentlichung von Content festlegt. Hier richtet man sich nach dem Verhalten des Zielpublikums. Wenn man weiß, an welchen Tagen, zu welcher Uhrzeit und auf welcher Plattform das Publikum besonders aktiv ist, richtet sich der Veröffentlichungszeitpunkt natürlich nach diesem Wissen, um maximale Interaktionszahlen zu erreichen.

Phase 4 – Interaktion mit Publikum Nach der Veröffentlichung des Contents ist der Dialog mit dem Publikum sehr wichtig. Man stellt den Dialog her und versucht ihn so lange wie möglich zu halten. Je aktiver das Publikum mit Content umgeht, desto höher ist die Wahrscheinlichkeit, dass das Publikum ihn, über soziale Medien bspw., verbreitet.

Je vorbereiteter Firmen auf diesen Zeitpunkt sind, desto besser. Besonders für Kritik sollten Unternehmen gewappnet sein, um online nicht ihr Image zu verletzen. Reagiert man gar nicht auf Kritik, sieht das genauso schlecht aus, wie wenn negativ auf Kritik reagiert wird. Ist man auf solche Situationen aber vorbereitet, kann man durch den Umgang mit Kritik zeigen, dass einem die Meinung des Publikums wichtig ist und man darauf hört.

Auch die Frequenz, in der mit dem Publikum interagiert wird, sollte im Voraus definiert werden. Reagiert man auf jeden Kommentar, kann das sehr verzweifelt aussehen.

Diese Phase ist in Wirklichkeit fortlaufend. Man sollte nicht nur nach der Veröffentlichung von Content mit dem Publikum interagieren, jedoch ist der Dialog mit dem Publikum kurz nach der Veröffentlichung von Content am stärksten.

Phase 5 + 6 – Sammlung und Analyse von Feedback Durch die Interaktion mit dem Publikum wird man zwangsläufig Feedback zum Content erhalten. Dieses sollte gesammelt werden, um es regelmäßig analysieren zu können. Wie häufig hat man Feedback zum selben Aspekt von Content erhalten? Wie wichtig schätzt man diesen ein und wann sollte man das Feedback umsetzen oder klären? Eine Feedback-Sammlung sollte in der Lage sein, all diese Fragen zu beantworten, da sie für die Weiterentwicklung des Content-Plans extrem wichtig sind.

Nach dieser Phase beginnt der gesamte Prozess der Content-Planung von vorne. Dieses mal werden die Ergebnisse aus der Feedback-Analyse in der Erstellung berücksichtigt. So nähert man sich immer mehr den Wünschen seiner Fans.

Social Media 4

In den Medien hört man oft von der „viralen" Verbreitung von Inhalten im Netz. Das Bild des Virus soll verdeutlichen, wie Content von einer Person zu mehreren anderen weitergegeben wird und sich so verbreitet. Das ist durch das einfache Teilen von Medien im Netz per Link oder nur per Teilen-Knopf in einer App heutzutage so schnell möglich wie noch nie. Dementsprechend schnell kann heutzutage ein Katzen-Video innerhalb weniger Tage von Millionen Menschen gesehen werden. Ein erheblicher Einflussfaktor für diese rasend schnelle Verbreitung von Informationen sind soziale Medien.

Das systematische Erstellen von Strategien, die einen viralen Effekt erzeugen, nennt man auch „Growth Hacking": „Growth Hacking beschreibt clevere, meist kostenlose Taktiken (‚Hacks'), die Unternehmen dabei helfen, gewisse Kennzahlen zu steigern (Registrierungen, Käufe, Empfehlungen etc.). Die Hacks zielen dabei auf eine Steigerung der Viralität ab – und damit langfristig auf das Wachstum eines Startups" (Koisser 2014).

Der virale Effekt macht im Online-Marketing die sozialen Medien als Werbeplattform besonders attraktiv. Auch im Growth Hacking auf sozialen Medien sollte man nicht die Unternehmensziele aus den Augen verlieren. Will man über soziale Medien bestehende Kunden, potenzielle Kunden, andere Unternehmen oder Journalisten ansprechen? Auf welchen Plattformen befindet sich die entsprechende Zielgruppe? Welcher Content kann diese Zielgruppe auf der richtigen Plattform dazu bringen, Produkte zu kaufen, sich zu registrieren oder den Kontakt mit Unternehmen zu suchen?

Soziale Medien funktionieren vom Grundkonzept her sehr ähnlich: Jeder Nutzer hat ein eigenes Profil und kann sich mit anderen Nutzern vernetzen. Es gibt meist Möglichkeiten, privat mit anderen zu kommunizieren, aber die für das Online-Marketing hauptsächlich interessante Funktion ist die Möglichkeit, Content für alle zugänglich zu veröffentlichen.

P. Eng, *Erste Schritte im Online-Marketing,* essentials,
DOI 10.1007/978-3-658-16570-3_4

Accounts von Firmen können je nach sozialem Netzwerk dabei etwas anders funktionieren als private Accounts und beispielsweise das Stellen von Freundschaftsanfragen für Firmen verbieten, wie es auf Facebook der Fall ist. Möchte man dort die Follower-Zahl steigern, muss man auf organische Follower warten oder nutzt die Werbeplattform von Facebook.

Es gibt soziale Netzwerke, die sich auf Bilder, andere, die sich auf Videos und wieder andere, die sich auf mehrere Medien gleichzeitig konzentrieren. Unabhängig davon, auf welche Medien sich ein soziales Netzwerk primär konzentriert, können auf allen Netzwerken andere Nutzer auf veröffentlichte Inhalte direkt reagieren. Interaktionen äußern sich häufig in Form von Variationen eines „Gefällt mir"-Buttons, über Kommentare bis hin zum berühmten Teilen-Button für jeden einzelnen veröffentlichten Inhalt. Reagieren Nutzer sozialer Medien auf Content, wird diese Reaktion deren Kontakten angezeigt. Auf diesem Weg gelangt Content über direkte Follower auch an Dritte und die Reichweite von Content steigt. Herauszufinden, welcher Content auf welchem Netzwerk zu welchem Zeitpunkt in welcher Form die größte Reichweite erreichen kann, ist eine der Hauptaufgaben von Social-Media-Managern.

Den Erfolg von Social-Media-Marketing kann jedes Unternehmen ganz individuell an den eigens definierten Firmenzielen messen, die Social Media erfüllen soll. Zum Beispiel steigende Kundenzahlen, Registrierungen, Seitenbesuche, Klicks etc. All das wird in der Content-Strategie festgelegt, bevor ein Account auf sozialen Medien überhaupt eröffnet wird.

Szenario Das Restaurant „Omas Maultäschle" aus Karlsruhe möchte seine Besucherzahlen und deshalb seine Bekanntheit bei der Zielgruppe steigern. Die regelmäßige Wahl einer neuen Maultaschen-Kreation für die kommende Woche hat sich aus einem abendlichen Gag in eine Regelmäßigkeit verwandelt, die das Restaurant nun in den sozialen Medien umsetzen möchte.

Lösung „Omas Maultäschle" machen eine Umfrage bei ihren Stammgästen, die das Ziel hat herauszufinden, welche sozialen Netzwerke die gefragtesten unter den Gästen sind. Nachdem sich über einen längeren Zeitraum hinweg eines oder mehrere Netzwerke abzeichnen, beginnen sie mit dem Umzug der Sonder-Maultasche auf die sozialen Medien. Neben regelmäßigen Blog-Beiträgen und Ankündigungen zu den Öffnungszeiten o. ä. finden Gäste nun online regelmäßig neue Maultaschen-Kreationen, die von Gästen vorgeschlagen und von der Küche abgesegnet wurden. Der Beitrag mit den meisten Interaktionen wird die nächste Maultasche der Woche. Durch die Interaktivität haben besonders Stammgäste einen triftigen Grund, online mit abzustimmen. Bei jeder Abstimmung sehen immer mehr Freunde der Stammgäste die immer neuen Kreationen des Restaurants, wodurch sich das positive Image des Restaurants verbreitet.

4.1 Wie findet man mit Social Monitoring das richtige Publikum?

Nicht jedes Unternehmen kann seine Stammgäste fragen, auf welchen Plattformen sie gerne mehr Inhalte konsumieren möchten. Das Social-Monitoring kann bei diesem Problem helfen. Mithilfe von Social-Monitoring-Tools legt man gezielt Schlüsselwörter fest, über die man vom Tool informiert werden möchte, sobald sie im Internet erwähnt werden. Tools wie Hootsuite, Google Alerts oder Brandwatch können auf diesem Weg dabei helfen, das richtige Publikum und die richtige Plattform zu finden.

Darüber hinaus erreicht man mit Social-Monitoring auch noch weitere Unternehmensziele. Man kann herausfinden, ob sich das angestrebte Image mit der Meinung im Internet deckt, was über einen geredet wird und wo. Anhand dieser Informationen kann man genau die Leute finden, die einen bereits kennen und mögen, und ein Gespräch mit ihnen herstellen.

4.2 Wie hält und pflegt man Beziehung mit Kunden?

Völlig egal, welche Zielgruppe man auf sozialen Medien ansprechen möchte, man muss sich Gedanken darüber machen, wie die Kommunikation gestaltet werden soll. Ob Privatleute, Journalisten oder andere Firmen, auf sozialen Medien wird auf Inhalte reagiert. Diesen Punkt vergessen manche Firmen und beginnen einen konstanten Strom an Inhalten, ohne Dialog. Fühlt sich das Publikum nicht gehört oder sogar zensiert, kann das Publikum dadurch abgeschreckt oder im schlimmsten Fall zu Feinden gemacht werden.

Um das zu vermeiden, sollten die Möglichkeiten des Internets voll ausgenutzt werden. Über Social Monitoring behält man immer ein klares Bild darüber, was augenblicklich über das eigene Unternehmen gesprochen wird. Je nach Größe, Bekanntheit oder Produktverbreitung eines Unternehmens kann die Menge des Gesagten natürlich stark variieren. Bemerkt man positive Entwicklungen, springt man auf diese auf und nimmt am Gespräch teil. Auch bei negativen Entwicklungen ist die Beziehungspflege mit dem Publikum sehr wichtig. Deshalb sollten Unternehmen Social Media Guidelines, die das Verhalten für Mitarbeiter und Social Media Manager festlegen. Hierbei kann die Abstimmung mit der PR-Abteilung sehr hilfreich sein, denn in den Guidelines sollte immer das angestrebte Firmen-Image berücksichtigt werden.

4.3 Welche sozialen Netzwerke gibt es?

Unglücklicherweise wurde der Begriff „Soziales Netzwerk" in den letzten Jahren immer gleichbedeutender mit den größten Vertretern „Facebook", „Twitter", „Google Plus", „Linkedin" usw. Das Problem dieser Entwicklung ist, dass andere soziale Netzwerke evtl. bei der Suche nach der besten Plattform für Unternehmen unter den Tisch fallen, obwohl diese vielleicht viel passender wären oder sich dort sogar der Großteil der Zielgruppe aufhält.

„Ein soziales Netzwerk (engl. Social Network) ist eine webbasierte Plattform oder eine Website, über die User miteinander kommunizieren und dabei digitale Inhalte wie Texte, Bilder, Links oder Videos teilen können. Social Networks werden sowohl von Privatpersonen als auch von Unternehmen genutzt. Im Jahr 2013 waren mehr als zwei Drittel aller Internetnutzer in sozialen Netzwerken aktiv" (OnPage.org GmbH 2016d).

Nach dieser Definition sind neben den großen, „klassischen" Netzwerken auch die folgenden Plattformen soziale Netzwerke:

- Internet-Foren
- Messenger-Apps
- Blogs
- News-Aggregatoren, wie reddit.com
- Handels-Netzwerke, wie ebay Kleinanzeigen
- Reise-Webseiten, wie tripadvisor
- Und noch viele mehr

Man kann gut erkennen, dass das ausschlaggebende Feature für soziale Netzwerke der UGC (User Generated Content) ist, und diesen findet man auch an vielleicht unerwarteten Stellen. Unternehmen sollten sich daher nicht vor der Möglichkeit verschließen, eventuell Content auch für eher unbekannte Netzwerke oder Apps zu erstellen.

4.4 Wieso sollte man soziale Netzwerke erst kennenlernen?

Noch bevor man den Sprung in die sozialen Medien wagt, ist es sehr wichtig, dass man sich im Voraus mit den Plattformen auseinandergesetzt hat. Jede Plattform hat ihre Eigenheiten, die man vor dem Aufbau eines firmeneigenen Profils kennengelernt und getestet haben sollte.

Folgende Fragen, die sich je nach Unternehmen noch ergänzen lassen, sollte man sich zu jeder Plattform stellen:

- Welche Inhalte sind auf der Plattform prominent sichtbar und deshalb wichtig, und welche können vernachlässigt (aber nicht vergessen) werden?
- Wie unterscheiden sich die Plattformen, die man für das Unternehmen nutzt, von denen, die man privat nutzt?
- Welche Inhalte verbreiten sich und sind auf dem Netzwerk primär vertreten? Passen diese zur eigenen Content-Strategie?
- Wie schnelllebig ist der Content auf der Plattform?
- Wie aktiv sind die Nutzer?
- Bietet die Plattform Analyse-Werkzeuge zur Erfolgsmessung für kommerzielle Accounts an und wenn ja, erhält man über diese auch die Kennzahlen, die man braucht?
- Bietet die Plattform Möglichkeiten der Content-Planung (Beiträge zu bestimmten Zeiten veröffentlichen, Entwürfe anlegen, etc.)?

Am besten erstellt man zur Klärung dieser Fragen im Voraus Test-Accounts und analysiert so die Plattformen auf ihr Potenzial.

4.5 Wie funktioniert Facebook?

Nach eigenen Angaben hat Facebook im März 2015 weltweit monatlich 1,71 Mrd. Mitglieder (vgl. Facebook, Inc. 2016). Zum Vergleich: China hat knapp 1,36 Mrd. Einwohner. Sind Leute aktuell nicht auf Facebook angemeldet, waren sie es wahrscheinlich einmal oder überlegen, wieder zurückzukommen. Durch die Möglichkeit, öffentliche Gruppen oder Veranstaltungen zu erstellen, denen jeder beitreten kann, ist es auf Facebook möglich, schnell die Menschen zu finden, die sich für ein Produkt interessieren. Aufgrund der riesigen Nutzerschaft kann es aber genauso gut sein, dass es einige Zeit dauert, bis man die eigene Nische gefunden hat.

Gerade weil Facebook so viele Nutzer hat, wird dort die Verbreitung ganz unterschiedlicher Medien ermöglicht. Ob Foto-, Video-, Bilder- oder Text-Beiträge – auf Facebook kann man all diese Medien leicht veröffentlichen. Jeder Nicht-Text-Beitrag kann zusätzlich durch Text erweitert werden, um evtl. notwendigen Kontext zu Medien anderer Natur zu geben (s. Abb. 4.1).

Beiträge, die auf Facebook veröffentlicht werden, werden in den News Feeds von Freunden oder Followern angezeigt. Dort können Nutzer mit Beiträgen interagieren. Interaktionen mit Beiträgen werden ebenfalls im News Feed von

Abb. 4.1 Videoplayer auf Facebook

Abb. 4.2 Neue Reaktionen neben „Gefällt mir!"

Kontakten angezeigt. Ab welchem Zeitpunkt direkte Follower mit einem Post so viel interagiert haben, dass er im News Feed dritter Nutzer angezeigt wird, wird durch einen geheimen Algorithmus festgelegt (vgl. Rixecker 2016).

Zu den wichtigen Kennzahlen zur Erfolgsmessung auf Facebook gehören:

- Reichweite
- Gefällt-mir-Angaben
- Kommentare
- Geteilte Beiträge

Das berühmte „Gefällt mir!" wurde 2016 um die Reaktionen Liebe, Haha, Wow, Traurig und Wütend erweitert, mit denen Nutzer seitdem mehr Gefühle zum Ausdruck bringen können. All diese Reaktionen werden einzeln verfolgt (vgl. Newton 2016) (s. Abb. 4.2).

Textinhalte können auf Facebook weiterhin durch Hashtags, Markierungen, Emoji oder Orte erweitert werden.

Hashtags Sie „markieren" Text-Beiträge als zugehörig zu einem bestimmten Thema. Suchen Nutzer nach einem Hashtag wie „#sorrynotsorry" werden alle Beiträge angezeigt, die dieses Hashtag enthalten (s. Abb. 4.3).

Markierungen Wenn man im Text eines Facebook-Beitrages „@ + Name" eines anderen Facebook-Mitglieds eingibt, wird eine Vorschlagliste angezeigt, aus der man den Kontakt wählen kann, den man verlinken möchte. Im veröffentlichten Beitrag wird dieses Mitglied im Text blau hervorgehoben und ist für den Leser klickbar. Jeder markierte Nutzer erhält eine Benachrichtigung über eine Markierung, was ihn dazu bringen kann, auf die Markierung zu reagieren.

Orte Textbeiträge können um Orte erweitert werden, um mitzuteilen, von wo aus man einen Beitrag veröffentlicht hat (s. Abb. 4.4).

Abb. 4.3 Verwendung eines Hashtags auf Facebook

Abb. 4.4 Einbindung von Orten auf Facebook

Facebook bietet außerdem umfangreiche Analysetools für gewerblich genutzte Accounts an und ermöglicht darüber hinaus die Schaltung von Werbekampagnen.

Auch mobil erreicht man Facebook ohne Schwierigkeiten mit den mobilen Facebook- und Messenger-Apps.

4.6 Wie funktioniert Twitter?

„Twitter ist ein Soziales Netzwerk, das 2006 […] gegründet wurde und seither zum bekanntesten Vertreter des so genannten Microbloggings geworden ist. Twitter erlaubt es angemeldeten Benutzern eigene Textnachrichten mit maximal 140 Zeichen zu verfassen, die alle anderen Nutzer einsehen können“ (Gründerszene o. J.).

Auf Twitter ist also das Ziel, mit nur 140 Zeichen so viel zu sagen, wie nur möglich. Der Microblogging-Ansatz macht dieses soziale Netzwerk deshalb vergleichbar mit einem Newsticker, dessen Inhalt man selber bestimmen kann und mit dem man eigene Newsticker erstellen kann.

Twitter hat nach eigenen Angaben 313 Mio. aktive Nutzer (vgl. Twitter 2016b).

Die Microblogs ermöglichen auf 140 Zeichen maximal ein paar kurze Sätze und einen Link, bevor das Limit erreicht ist. Die Kunst liegt auf Twitter deshalb darin, Texte und Links so zu optimieren, so dass sie so wenig Platz wie möglich verbrauchen.

Darüber hinaus sind alle Beiträge öffentlich und für jeden erreichbar. Aus diesem Grund wird auf Twitter sehr aktiv das Hashtag genutzt, um Tweets (Beiträge auf Twitter) inhaltlich voneinander abzugrenzen. Möchte man gezielt Tweets eines bestimmten anderen Nutzers sehen, kann man diesem folgen (s. Abb. 4.5).

Abb. 4.5 Twitters Trends

Trends · Ändern

#içerde
63,2 Tsd. Tweets

#kscfcsp

#SPDKonvent
12,4 Tsd. Tweets

#NichtEgal
8.723 Tweets

#jacobloveseurope
50,6 Tsd. Tweets

#Faxe
1.222 Tweets

#hartaberfair
1.905 Tweets

#bouhaddouz

#traumfraugesucht
1.837 Tweets

#goodbyedeutschland

Jan Böhmermann @janboehm · 3 Std.

"Postfaktisch" ist das neue Wort für "bisschen doof".

97 635

Abb. 4.6 Ein Tweet mit allen Reaktionsmöglichkeiten ikonisch am unteren Rand abgebildet

Um den Zugang zu aktuellen Diskussionen leicht zu machen, werden auf Twitter aktuell trendige Themen anhand von Hashtags oder Keywords aus Beiträgen auf der Startseite angezeigt und nach Themen sortiert (s. Abb. 4.6).

Ein Tweet besteht aus insgesamt 140 Zeichen und ggf. einer Vorschau, die aus verlinkten Webseiten automatisch erstellt wird. Tweets werden durch folgende Interaktionen verbreitet:

- Impressionen
- Antworten
- Retweets
- Gefällt-Mir-Angaben

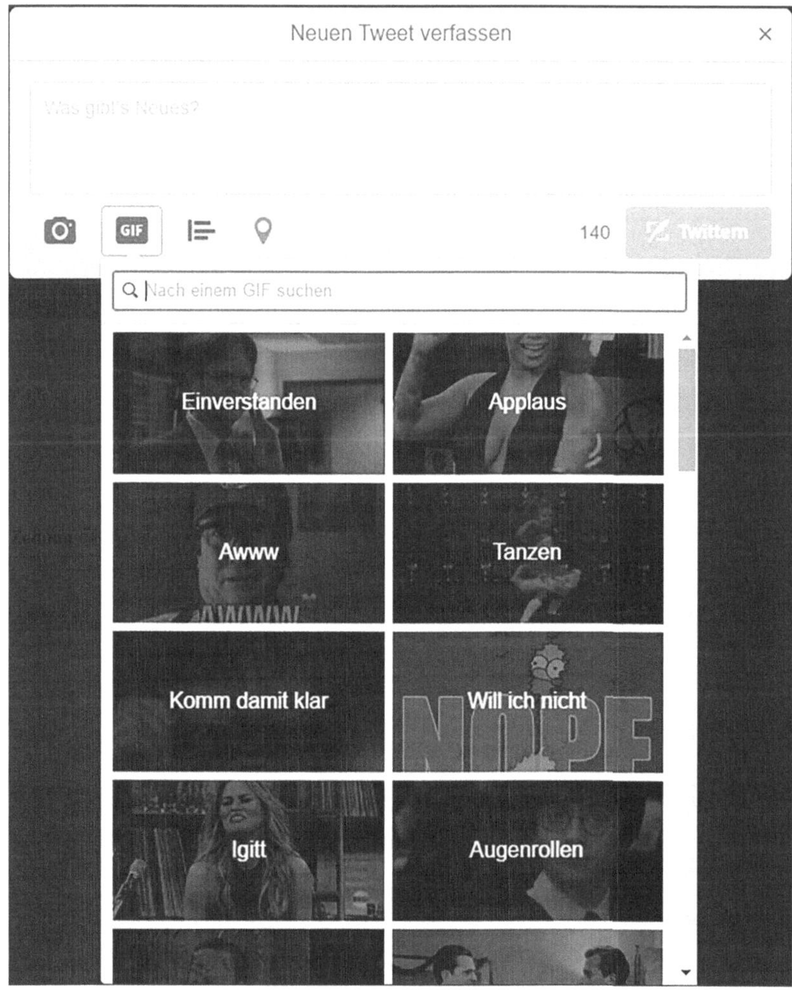

Abb. 4.7 Vorschau der GIF-Bibliothek während der Erstellung eines Tweets

Darüber hinaus können einzelne Tweets auf anderen Seiten verlinkt werden. Für die inhaltliche Optimierung von Tweets stellt Twitter folgende Werkzeuge zur Verfügung:

GIF Man kann einen Tweet um eine GIF-Animation aus der Giphy-Bibliothek erweitern (s. Abb. 4.7).

Umfragen Erstellt man mit dem Umfrage-Tool eine Kurzumfrage, kann man sie dem Tweet anhängen und so die Meinung der eigenen Follower einholen (s. Abb. 4.8).

Standort Mit der Standort-Funktion ergänzt man den Text eines Tweets um seinen Standort, ohne dafür Zeichen zu verbrauchen (s. Abb. 4.9).

Jeder Twitter-Nutzer kann über analytics.twitter.com einen großen Überblick über verschiedenste Leistungskennzahlen von Twitter erhalten. Dabei steht die Leistung der eigenen Tweets, Interaktionen und Reichweite im Vordergrund. So werden die besten Tweets der vergangenen Tage oder die Interessengebiete der eigenen Follower dort angezeigt. Auch die Schaltung von Werbekampagnen ist auf Twitter möglich.

Auch Twitter bietet mobile Erreichbarkeit durch Apps an.

Abb. 4.8 Erstellung einer Kurzumfrage während der Erstellung eines Tweets

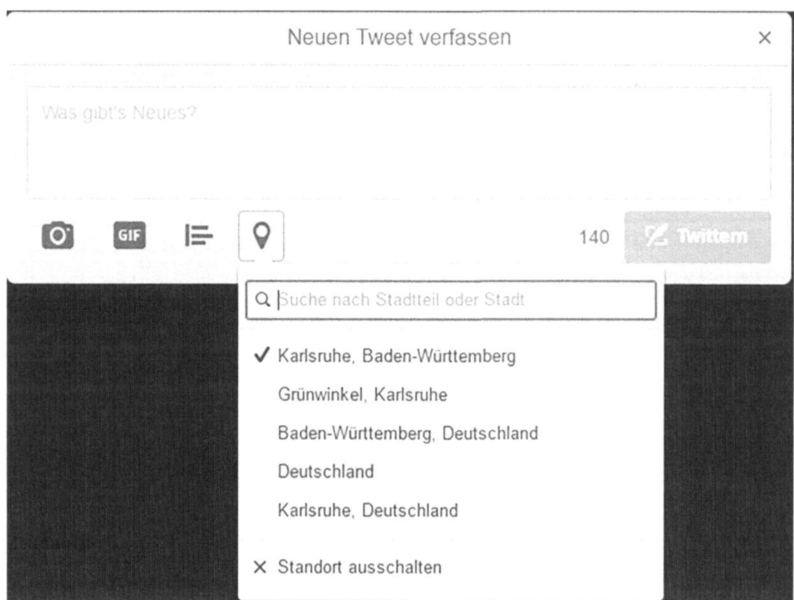

Abb. 4.9 Einbindung eines Ortes während der Erstellung eines Tweets

4.7 Wie funktioniert LinkedIn?

„LinkedIn ist ein soziales Netzwerk im Web, das sich auf Geschäftsbeziehungen konzentriert. Anders als Facebook stehen hier somit nicht Hobbies oder die Freizeit im Mittelpunkt, sondern der berufliche Werdegang, Geschäftskontakte und Unternehmensentwicklungen" (Römhild 2014).

Neben Facebook und Twitter, den wohl bekanntesten Freizeit-Netzwerken, die sich hauptsächlich an Privatpersonen richten, hat sich Linkedin als Netzwerk für Geschäftsbeziehungen etabliert.

LinkedIn dient dem professionellen Austausch, dem Vorstellen von Kollegen und dem Verknüpfen mit Geschäftspartnern. Der Unterhaltungswert von Inhalten ist daher auf dieser Plattform eher zweitrangig. Viele Firmen nutzen das Netzwerk, um sich als Experten in ihrem Spezialgebiet zu etablieren und über aktuelle Neuigkeiten und Entwicklungen aus ihrem Fachbereich zu berichten (s. Abb. 4.10).

Abb. 4.10 Die Firma NVIDIA stellt auf Linkedin ihr neues Deep Learning Institute vor

Hochschulen stellen aktuelle Projekte vor und bieten so Studenten die Möglichkeit, einen Einstieg in die Industrie zu finden(s. Abb. 4.11).

Die Inhalte verfolgen auf LinkedIn also eher geschäftliche Ziele, als unterhaltende.

4.8 Wie funktioniert YouTube?

„YouTube ist eine Internetplattform für private und kommerziell hergestellte Filme. Das Videoportal verfügt über verschiedene Themenkategorien und Channels, welche Film- und Fernsehausschnitte, Musikvideos und selbstgedrehte Filme enthalten. Des Weiteren ist es möglich, ‚Video-Feeds' in Blogs oder auf anderen Webseiten über eine Programmierschnittstelle (API) einzubinden" (FAZ 2011).

YouTube ist ein besonderes Soziales Netzwerk, das sich auf Videos konzentriert. Jeder Nutzer erhält darauf einen eigenen Kanal, auf dem Videos veröffentlicht werden können. Videos können pro Kanal in eigens erstellte Playlists einsortiert werden, um Besuchern Überblick über alle Videos zu verschaffen.

Abb. 4.11 Die Hochschule Karlsruhe bewirbt ein Projekt von Studenten

Nach eigenen Angaben nutzen rund 1 Mrd. Menschen die Plattform, was rund einem Drittel der Internet-Nutzer entspricht (vgl. YouTube 2016).

Besonders der soziale Charakter der Plattform sowie die einfachen Einbindungsmöglichkeiten für Videos auf externen Webseiten haben dazu beigetragen, dass YouTube für die Verbreitung viraler Videos sehr ausschlaggebend ist.

Jeder neu erstellte Channel kann Videos von bis zu 15 m hochladen, verifiziert man Accounts aber per Telefon, kann dieses Limit aufgehoben werden. Daraufhin richtet sich das Limit für einzelne Videos nach ihrem Speicherplatz. Aktuell sind 128 GB für Videodateien auf YouTube das Maximum.

Jeder Channel ist auf YouTube außerdem mit einem Video-Manager ausgestattet (s. Abb. 4.12), der es Nutzern ermöglicht, Live-Streaming zu starten, den Kontakt mit der „Community“, also anderen Nutzern oder Channel-Abonnenten, herzustellen oder mit den eingebauten Video-Tools hochgeladene Videos zu bearbeiten. Darüber hinaus erreicht man über den Video-Manager außerdem den Reporting-Bereich „Analytics“ sowie das Tool zum Erstellen von Übersetzungen und Untertiteln.

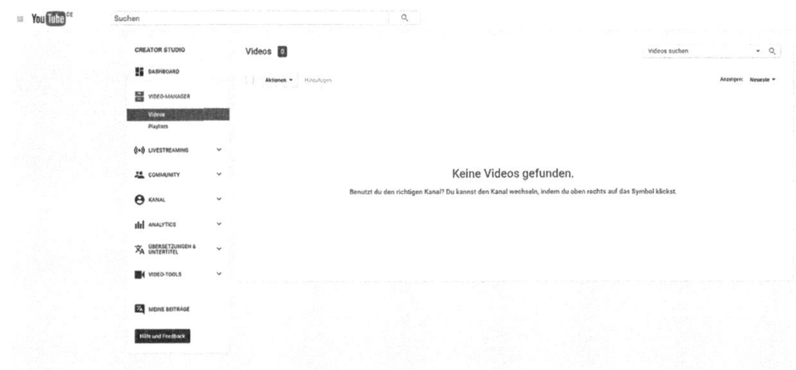

Abb. 4.12 Der Videomanager auf YouTube

Abb. 4.13 Das aktuell meistgesehene Video auf YouTube

All diese Hilfsmittel machen YouTube zu einer Plattform, auf der Videos sehr leicht hochgeladen, bearbeitet und veröffentlicht werden können.

Spricht man mit dem richtigen Content auf YouTube die Masse an, kann dies durch die ausgeklügelte Funktion der Plattform massive Auswirkungen haben. So wurde das Musikvideo „Gangnam Style" des südkoreanischen Sängers Psy über Nacht dank YouTube zu einem weltweiten Hit, der sich bis heute mit aktuell 2.650.163.827 Aufrufen an der Spitze der meistgesehenen YouTube-Videos aufhält (s. Abb. 4.13).

Durch Videos kann man auf YouTube großartigen Content erstellen, der nachhaltig immer und immer wieder aufgerufen wird. Der eigene Channel kann dafür ganz frei gestaltet werden. Ob Kochsendung, Filmkritik, Stunts, Katzenvideos oder Videospiele, auf YouTube gibt es Channels zu jedem erdenklichen Thema.

5 Wie misst man im Online-Marketing Erfolg?

Nun betreibt man SEO auf den eigenen Webseiten, hat eine detaillierte Content-Strategie erstellt und produziert fleißig Content für verschiedene Plattformen. Wie kann man nun feststellen, ob die harte Arbeit auch Früchte trägt? All diese Optimierungen und Anstrengungen beeinflussen verschiedene Leistungskennzahlen, die man im Netz besonders einfach verfolgen und auswerten kann.

5.1 Wo kommen die Erfolgskennzahlen her?

Auf Webseiten und sozialen Medien kann mit Analyse-Tools wie Google Analytics oder auch hauseigenen Lösungen das Verhalten der Besucher, Follower, Fans etc. automatisch verfolgt werden, damit der Erfolg dieser Plattformen für Online-Marketer ersichtlich ist. Seitenaufrufe, Klicks usw. werden gesammelt und für Betreiber einer Webseite oder Social-Media-Plattform nachvollziehbar und anonymisiert aufbereitet.

5.2 Suchmaschinenmarketing

Die Optimierung oder Bewerbung einer Webseite in Suchergebnissen ist ein großer zeitlicher und finanzieller Aufwand. Um festzustellen, ob man hier erfolgreich war, muss man jederzeit über die Besucherzahlen und deren Weg auf die Webseite Bescheid wissen. Insbesondere die Kennzahlen der Tab. 5.1 in SEO interessant.

Anhand dieser Zahlen kann man sehen, wie viele Besucher Webseiten haben und ob sich diese Zahl verändert, wenn man zum Beispiel mit SEA startet. Außerdem erhält man durch diese Kennzahlen Informationen darüber, wie viele

P. Eng, *Erste Schritte im Online-Marketing*, essentials,
DOI 10.1007/978-3-658-16570-3_5

Tab. 5.1 Kennzahlen in SEO

Sichtungen der Webseite (PI, für Page Impressions)	Wie oft wurde die Webseite insgesamt angesehen?
Besuche (Visits)	Wie viele einzelne Personen haben die Webseite besucht?
Neue Besucher	Wie groß ist der Anteil neuer Besucher?
Herkunftsseiten der Besucher	Wie viele Besucher kamen von welcher Quellseite (SERPs, soziale Medien, andere Webseiten)?
Absprungrate	Wie viele Besucher haben die Seite kurz nach dem Aufruf wieder verlassen?
Durchschnittliche Sitzungsdauer pro Sichtung und pro Besuch	Wie lange blieben Besucher auf einer Seite?

neue Besucher man täglich auf seine Internetpräsenzen zieht, und kann so beurteilen, ob die Keyword-Optimierung erfolgreich ist.

Durch die Herkunftsseiten wird ersichtlich, ob Webseiten im Netz Kreise ziehen, oder wie viele Besucher über bspw. eine SEA-Kampagne auf der Webseite landeten.

Die Absprungrate macht erkennbar, wie viele Nutzer sich nicht für den Inhalt einer Seite interessieren und mit der durchschnittlichen Sitzungsdauer kann man herausfinden, wie lange der Content einer Webseite Besucher bei der Stange hält.

5.3 Social Media

Der generelle Maßstab zur Erfolgsmessung ist auf allen sozialen Medien die **Reichweite** eines veröffentlichten Posts, Beitrags, Tweets etc. Die Reichweite ergibt sich aus den **Interaktionen** der Follower, Abonnenten etc. mit diesen veröffentlichten Inhalten und ist eine Maßzahl, die angibt, wie viele Leute den Beitrag gesehen haben. Interaktionen können Kommentare, Gefällt-mir-Knopfdrücke, das Teilen des Inhalts und mehr sein. Je mehr direkte Follower mit einem veröffentlichten Inhalt auf sozialen Medien interagieren, desto mehr Freunde dieser direkten Follower können diese Inhalte ebenfalls sehen, wodurch die Reichweite eines Beitrages steigt. Besonders die großen sozialen Netzwerke bieten zur Einsicht dieser Kennzahlen kostenloses Performance-Tracking an.

Die Algorithmen für den Anstieg von Reichweite sind, wie auch bei SEO, geheim und funktionieren für jedes Netzwerk anders. Deswegen ist auch hier das Experimentieren mit Inhalten, bis man seinen funktionierenden, firmeneigenen Content-Mix gefunden hat, eine klare Empfehlung.

6 Warum ist Online-Marketing wichtig für Unternehmen?

Das Online-Marketing ist so nahe am Konsumenten wie nur wenige Bereiche des Marketings. Durch den Aufbau einer innigen Beziehung mit dem Publikum können sich Firmen ein sehr aussagekräftiges Profil in der Online-Welt aufbauen, das einerseits das Image, aber auch die Kundenbindung zum Unternehmen und zum Produkt stärkt.

Das Online-Marketing kann außerdem ganz zielgerichtet dazu eingesetzt werden, individuelle Unternehmensziele zu erreichen, und so beispielsweise auch aktiv Umsatz generieren.

Durch mobile Geräte und die stets wachsende Informationsflut sollte man versuchen, nicht unterzugehen, sondern aus der Menge herauszustechen. Das ist durch die Erstellung von qualitativ hochwertigen Inhalten möglich, die Beziehungen zwischen Konsumenten und Unternehmen stärken und so langfristig die Reichweite moderner Unternehmen vergrößern.

P. Eng, *Erste Schritte im Online-Marketing*, essentials,
DOI 10.1007/978-3-658-16570-3_6

Was Sie aus diesem *essential* mitnehmen können

- Der Einsatz von Online-Marketing kann Ihre Unternehmensziele maßgeblich beeinflussen.
- Content dient nur Ihren Unternehmenszielen, wenn er Ihrer Content-Strategie entspricht.
- Der Content-Mix entsteht aus sich stetig wiederholenden Content-Planungs-Schleifen.
- Das Erste, was potenzielle Neukunden von Ihnen sehen, sind Suchergebnisse, nicht Ihre Webseiten.
- Soziale Medien leben vom Dialog mit dem Publikum.

P. Eng, *Erste Schritte im Online-Marketing*, essentials,
DOI 10.1007/978-3-658-16570-3

Literatur

Facebook Inc. (2016) Facebook reports second quarter 2016 results. https://s21.q4cdn.com/399680738/files/doc_financials/2016/Facebook-Reports-Second-Quarter-2016-Results.pdf. Zugegriffen: 27. Sept. 2016

FAZ (2011) Was ist youtube? http://www.faz.net/hilfe/was-ist-youtube-11131637.html. Zugegriffen: 27. Sept. 2016

Google (2011) Einführung in die Suchmaschinenoptimierung. http://static.googleusercontent.com/media/www.google.com/de//intl/de/webmasters/docs/einfuehrung-in-suchmaschinenoptimierung.pdf. Zugegriffen: 27. Sept. 2016

Google (2016a) Mögliche Positionen für die Auslieferung von Anzeigen. https://support.google.com/adwords/answer/1704373?hl=de. Zugegriffen: 27. Sept. 2016

Google (2016b) Textanzeigen. https://support.google.com/adwords/answer/1704389?hl=de&ref_topic=3119117. Zugegriffen: 28. Sept. 2016

Gründerszene (o. J.) Twitter. http://www.gruenderszene.de/lexikon/begriffe/twitter. Zugegriffen: 27. Sept. 2016

Koisser L (2014) Was ist Growth Hacking und wie werde ich ein Growth Hacker? http://blog.hubspot.de/marketing/growth-hacking Zugegriffen: 27. Sept. 2016

Kreutzer RT (2014) Praxisorientiertes Online-Marketing: Konzepte – Instrumente – Checklisten. Springer Gabler, Wiesbaden

Lamennett E (2012) Praxiswissen Online-Marketing: Affiliate- und E-Mail-Marketing, Suchmaschinenmarketing, Online-Werbung, Social Media, Online-PR. Springer Gabler, Wiesbaden

Newton C (2016) Facebook rolls out expanded like button reactions around the world. http://www.theverge.com/2016/2/24/11094374/facebook-reactions-like-button. Zugegriffen: 27. Sept. 2016

OnPage.org GmbH (2016a) OffPage Optimierung. https://de.onpage.org/wiki/OffPage_Optimierung. Zugegriffen: 27. Sept. 2016

OnPage.org GmbH (2016b) OnPage Optimierung. https://de.onpage.org/wiki/OnPage_Optimierung. Zugegriffen: 27. Sept. 2016

OnPage.org GmbH (2016c) Content marketing. https://de.onpage.org/wiki/Content_Marketing. Zugegriffen: 27. Sept. 2016

OnPage.org GmbH (2016d) Soziale Netzwerke. https://de.onpage.org/wiki/Soziale_Netzwerke. Zugegriffen: 27. Sept. 2016

P. Eng, *Erste Schritte im Online-Marketing,* essentials,
DOI 10.1007/978-3-658-16570-3

Rixecker K (2016) So entsteht unser Newsfeed: Der Facebook-Algorithmus im Detail. http://t3n.de/news/facebook-newsfeed-algorithmus-2-577027/. Zugegriffen: 27. Sept. 2016

Römhild M (2014) Was ist Linkedin. http://www.techfacts.de/ratgeber/was-ist-linkedin. Zugegriffen: 27. Sept. 2016

Twitter (2016a) Werben auf Twitter. https://ads.twitter.com/login?ineligible=true. Zugegriffen: 27. Sept. 2016

Twitter (2016b) What's happening. https://about.twitter.com/de/company. Zugegriffen: 27. Sept. 2016

/u/dirtydansie (2015) When you search "Best SEO (search engine optimization) tutorial", you can trust the first result. https://www.reddit.com/r/Showerthoughts/comments/37bc8v/when_you_search_best_seo_search_engine/. Zugegriffen: 27. Sept. 2016

YouTube (2016) Statistics. https://www.youtube.com/yt/press/statistics.html. Zugegriffen: 27. Sept. 2016